FÊTES

CÉLÉBRÉES A LILLE

EN 1729

D'APRÈS UN MANUSCRIT ORNÉ DE SOIXANTE-SIX AQUARELLES

PAR

L. QUARRÉ-REYBOURBON

MEMBRE DE LA COMMISSION HISTORIQUE DU NORD
DE LA SOCIÉTÉ DES SCIENCES, LETTRES ET ARTS DE LILLE
CORRESPONDANT DU COMITÉ DES SOCIÉTÉS
DES BEAUX-ARTS DES DÉPARTEMENTS, A LILLE

PARIS

TYPOGRAPHIE DE E. PLON, NOURRIT ET Cie
RUE GARANCIÈRE, 8

—

1894

PARIS

TYPOGRAPHIE DE E. PLON, NOURRIT ET Cie,

Rue Garancière, 8.

à Monsieur Léopold Delisle
Conservateur général de la Bibliothèque
nationale, hommage respectueux
de l'auteur

L. Quarré-Reybourbon

FÊTES
CÉLÉBRÉES A LILLE
EN 1729

Ce mémoire a été lu à la réunion des Sociétés des Beaux-Arts des départements, à l'École des Beaux-Arts, dans la séance du 29 mars 1894.

FÊTES

CÉLÉBRÉES A LILLE

EN 1729

D'APRÈS UN MANUSCRIT ORNÉ DE SOIXANTE-SIX AQUARELLES

PAR

L. QUARRÉ-REYBOURBON

MEMBRE DE LA COMMISSION HISTORIQUE DU NORD
DE LA SOCIÉTÉ DES SCIENCES, LETTRES ET ARTS DE LILLE
CORRESPONDANT DU COMITÉ DES SOCIÉTÉS
DES BEAUX-ARTS DES DÉPARTEMENTS, A LILLE

PARIS

TYPOGRAPHIE DE E. PLON, NOURRIT ET Cie

RUE GARANCIÈRE, 8

—

1894

FÊTES CÉLÉBRÉES A LILLE

EN 1729

D'APRÈS UN MANUSCRIT ORNÉ DE SOIXANTE-SIX AQUARELLES

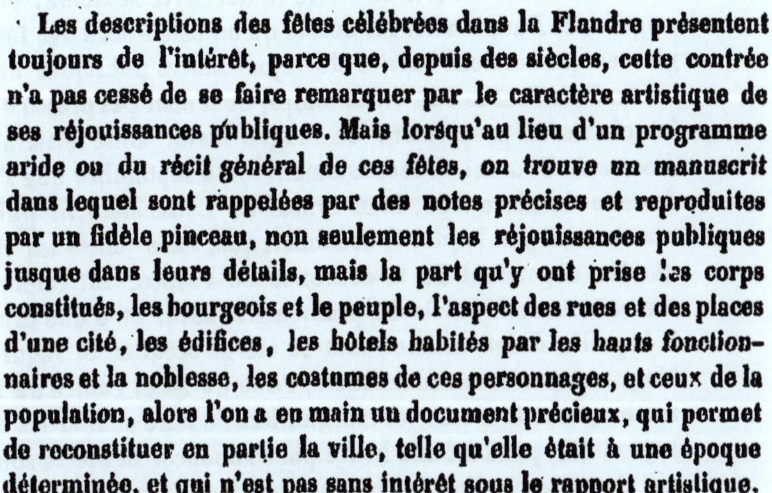

Les descriptions des fêtes célébrées dans la Flandre présentent toujours de l'intérêt, parce que, depuis des siècles, cette contrée n'a pas cessé de se faire remarquer par le caractère artistique de ses réjouissances publiques. Mais lorsqu'au lieu d'un programme aride ou du *récit général* de ces *fêtes, on trouve* un manuscrit dans lequel sont rappelées par des notes précises et reproduites par un fidèle pinceau, non seulement les réjouissances publiques jusque dans leurs détails, mais la part qu'y ont prise les corps constitués, les bourgeois et le peuple, l'aspect des rues et des places d'une cité, les édifices, les hôtels habités par les hauts fonctionnaires et la noblesse, les costumes de ces personnages, et ceux de la population, alors l'on a en main un document précieux, qui permet de reconstituer en partie la ville, telle qu'elle était à une époque déterminée, et qui n'est pas sans intérêt sous le rapport artistique.

Nous avons eu la bonne fortune de pouvoir acquérir, et nous voudrions faire connaître dans les pages qui suivent, un livre de cette nature écrit et enluminé à l'occasion des fêtes publiques célébrées à Lille en 1729 au sujet de la naissance du Dauphin. C'est un manuscrit unique, format oblong de 0m,47 de largeur et 0m,31 de hauteur, sur papier très fort offrant cent soixante-six pages dont l'écriture est une belle bâtarde française et soixante-six aquarelles de la hauteur et de la largeur du volume représentant les diverses scènes de la fête. La reliure est en veau plein, et les plats sont enrichis de dentelles à deux compartiments. Sur le dos, qui est à nerfs, on lit : Vive le Roi ! Vive la Reine ! Vive le Dauphin !

Le 4 septembre 1729 naquit le premier fils du roi Louis XV et de la reine Marie Leczinska. C'était l'héritier présomptif de la couronne, le Dauphin, l'Enfant de France comme on disait alors. Le pays voyait dans le Roi un père ; aussi partout des actions de grâces furent rendues au Ciel et des réjoissances furent célébrées. « Lille, comme le dit notre manuscrit, surpassa en cette circon« stance toutes les villes des Pays-Bas et approcha de près ce qui se « fit dans la capitale. »

Lorsque les membres du Magistrat eurent appris, par un courrier du cabinet du Roi arrivé le 5, l'heureuse nouvelle de la naissance du Dauphin, ils ordonnèrent aux quatre sergents de l'échevinage d'aller l'annoncer chacun dans son quartier, et de faire sonner toutes les cloches des églises paroissiales et des couvents pendant une heure en signe d'allégresse. Et partout dans la ville retentirent les cris de : Vive le Roi ! Vive la Reine ! Vive Mon seigneur le Dauphin ! Il fut décidé qu'on célébrerait des fêtes religieuses qui seraient suivies de réjouissances publiques et populaires. Mais dans le bon vieux temps, on n'était pas pressé d'agir et les choses se préparaient de longue main. Lille était alors du diocèse de Tournai. C'est seulement le 14 septembre que l'évêque de cette dernière ville, Jean-Ernest de Lowenstein, fit publier le mandement par lequel il ordonnait que, dans toutes les villes du diocèse dépendant de la couronne de France, fût célébrée une messe solennelle suivie du psaume *Exaudiat* et d'une procession à laquelle devait assister tout le clergé séculier et régulier. Le Magistrat, par deux ordonnances, l'une du 24 et l'autre du 26 septembre, manda à tous les marguilliers de faire sonner les cloches, le jeudi 29, pendant une heure pour annoncer la messe solennelle qui devait avoir lieu le même jour dans la collégiale de Saint-Pierre et la procession générale. Le soir il devait y avoir feu d'artifice et illuminations, et le lendemain et le surlendemain des réjouissances populaires.

C'est l'ensemble de ces fêtes que nous allons décrire, en suivant l'ordre du manuscrit, dont les miniatures peuvent être divisées en plusieurs séries : 1° les préliminaires; 2° les cérémonies religieuses dans les paroisses; 3° la procession générale et le *Te Deum* ; 4° les salves des compagnies bourgeoises et de la garnison, et le feu d'artifice ; 5° les réjouissances publiques à l'Hôtel de ville et ailleurs, par ordre du Magistrat ; 6° les illuminations et les réceptions dans les hôtels occupés par l'administration civile et militaire ; 7° les illuminations des hôtels de la noblesse et de la riche bourgeoisie ; 8° les fêtes dans les hôpitaux et dans les asiles des orphelins et des vieillards. La seconde partie de notre travail sera consacrée à une notice sur l'auteur du manuscrit.

LES FÊTES D'APRÈS LE MANUSCRIT.

I

LES PRÉLIMINAIRES.

Après le titre et la dédicace au Magistrat, le manuscrit reproduit le mandement de l'évêque de Tournai, et les ordonnances de l'échevinage avec les noms des échevins qui furent tous continués dans leurs fonctions. Cette partie présente trois miniatures. Dans le frontispice, on voit, à droite, se détachant sur une longue draperie rouge semée de fleurs de lis d'or, les armes de la ville, *de gueules à une fleur de lis d'argent* dans un écusson Louis XV porté par deux génies ailés, à gauche une très belle vue perspective de la ville, et au-dessus, dans le ciel, la patronne de Lille, Notre-Dame de la Treille qui jette un rayon lumineux sur les armes. Au feuillet qui suit, en regard du titre, dans un très grand et très riche cartouche de l'époque, est écrit le chronogramme suivant :

eX Vtero LezInskI
nasCor deLphInVs
qVarta septeMbrIS

L'auteur de ce chronogramme, Michel Ange du Bois, seigneur des Cretons et membre de l'échevinage, est représenté offrant lui-même le cartouche et l'inscription.

La troisième miniature est consacrée aux armes de l'évêque de Tournai.

II

CÉRÉMONIES RELIGIEUSES DANS LES ÉGLISES PAROISSIALES.

A la suite de ces préliminaires, une première série de sept miniatures représente les cérémonies religieuses célébrées dans les paroisses de la ville. A Saint-Maurice sort de l'église une procession présidée par le curé M. Deprez, que l'on voit sous un dais. Le curé de Saint-Étienne, M. Chevalier, a fait exposer le Saint Sacrement, et les fidèles adorent tandis que le clergé chante dans les stalles. Il en est de même dans la chapelle paroissiale de la collégiale Saint-Pierre, où M. Lefèvre était curé. La miniature relative à Saint-Sauveur montre M. Anselme, curé de cette paroisse et doyen de chrétienté, tenant la Sainte Hostie au *moment de l'Élévation*. Le Saint Sacrement est aussi exposé par ordre de M. Delefortrie, curé de Sainte-Catherine, dans le chœur de cette église, où l'on distingue très bien le célèbre tableau de Rubens. Il en est de même à l'église de la Madeleine, dont M. Gailliot était curé, et à Saint-André, qui avait M. Planque pour pasteur. Nous n'oublions pas de faire remarquer que les églises sont représentées telles qu'elles étaient en 1729, ce qui est intéressant pour l'histoire monumentale de Lille; et nous ajoutons que tous les ostensoirs présentent la gracieuse forme monstrance que l'on commence à reprendre de nos jours.

Aucune miniature ne rappelle les cérémonies qui eurent lieu dans les couvents. Mais on lit dans le manuscrit qu'un Jésuite, le Père Noël, religieux d'un âge très avancé, qui avait plusieurs fois traversé les mers pour aller travailler à la conversion des infidèles, fut tellement transporté de joie en apprenant la naissance du Dauphin, qu'il composa sur ce sujet un long poème en vers latins. C'était son *Nunc dimittis;* il mourut quelques jours plus tard. La traduction de ce poème en vers français se trouve dans le manuscrit, ainsi qu'une ode dans le goût de l'époque, remplie d'allusions mythologiques, et des couplets, avec notes, sur l'air du carillon du beffroi de la ville dont certains vers sont d'une crudité qui serait choquante pour notre époque, et dont nous ne reproduisons que quelques vers bachiques :

Viens-t'en, Pierrot, bon drille,
Viens-t'en au cabaret,
Il nous faut, ventrebille,
Enivrer tout à fait.

III

LA PROCESSION GÉNÉRALE ET LE TE DEUM.

Cinq miniatures sont consacrées à cette troisième partie. Les membres du Magistrat, qui, dans la première, ordonnent aux sergents d'aller faire sonner les cloches, sont représentés, dans la seconde, se rendant en cortège à la procession, revêtus de leurs costumes riches et variés, tandis qu'un hardi couvreur nommé Druon, monté au haut de la flèche qui surmontait la tour Saint-Étienne, agite un drapeau aux armes du Dauphin; dans la troisième aquarelle, c'est le duc de Boufflers, gouverneur de la ville, qui se rend aussi à la procession, dans un carrosse de gala, sur lequel se trouvent un cocher et sept laquais. La grande miniature où est représentée la procession, qui eut lieu le 29 dans la matinée, n'a pas moins de 92 centimètres de largeur; le cortège offre successivement les Carmes, les Jésuites, les Minimes, les Capucins, les Dominicains, le clergé et le chapitre de Saint-Pierre marchant processionnellement, et, sous un dais très riche porté par six personnages en longue robe rouge, le Saint Sacrement. Derrière, le duc de Boufflers et les autorités. *Toute la garnison bordait les rues en double haie, et la cavalerie était rangée en ordre de bataille sur les places.* La dernière miniature de cette série représente le chœur de la collégiale Saint-Pierre, où l'après-midi on chanta le *Te Deum*.

IV

SALVES DES COMPAGNIES BOURGEOISES ET FEU D'ARTIFICE.

La ville de Lille, qui avait eu pendant longtemps le privilège de *se défendre elle-même et de ne pas avoir de garnison*, avait perdu ce droit depuis le retour à la domination française; mais ses quatre compagnies bourgeoises étaient encore très bien organisées.

Après le *Te Deum*, ces compagnies, dont les miniatures reproduisent les riches et élégants costumes, se rendirent sur la grande place, les arbalétriers par la rue Esquermoise, les archers par la rue de la Grande-Chaussée, les canonniers par la rue des Malades (aujourd'hui rue de Paris) et les tireurs d'armes par la rue Neuve. Ils y débouchèrent tous en même temps et allèrent se grouper autour du rewart. Sur le commandement de ce dernier, ils firent des salves ou des exercices, qui durèrent plus d'une heure et demie, jusqu'au moment où l'on commença à tirer le feu d'artifice [1].

Sur la grande place, avait été élevé un monument en bois désigné sous le nom de Portique de la piété. C'était un grand arc de triomphe, haut de soixante pieds, large de trente et profond de dix-huit, formé d'une grande arcade ouverte entre quatre colonnes imitant le *lapis-lazuli* qui servaient de support à un riche entablement surmonté lui-même, entre deux obélisques, d'une sorte de piédestal au-dessus duquel quatre grands dauphins portaient un globe aux armes du nouveau-né. Dans la grande arcade, un groupe imitant le marbre montrait la Piété donnant à la France le Dauphin qui tenait à la main une branche d'olivier. Des inscriptions, des emblèmes et des girandoles décoraient cet ensemble. Des pièces d'artifice partirent successivement de plusieurs points de ce portique, de manière à éclairer ses diverses parties; on remarqua surtout les quatre fontaines de feu qui sortirent de la gueule des quatre grands dauphins et qui firent apparaitre les armoiries et les inscriptions : Vive le Roi ! Vive la Reine! Vive le Dauphin! Trente-deux caisses de fusées furent tirées, ainsi que cent caisses de serpenteaux. En même temps on avait illuminé les maisons de toute la grande et de toute la petite place, et les rues adjacentes, le clocher de Saint-Étienne, les deux tours de la Bourse, la Grand'Garde et l'Hôtel de ville, et au moment du feu d'artifice se firent entendre trois salves de toute l'artillerie et de la mousqueterie de la ville et de la citadelle. Deux très grandes miniatures représentent, l'une le Portique, et l'autre une remarquable vue perspective de la ville au moment du feu d'artifice et de l'illumination.

[1] Voir la planche ci-contre.

SALVES DES COMPAGNIES BOURGEOISES

V

LES RÉJOUISSANCES PUBLIQUES A L'HOTEL DE VILLE ET AILLEURS, PAR ORDRE DE MAGISTRAT.

Un certain nombre d'autres aquarelles nous font connaître les fêtes que l'échevinage offrit à la population lilloise.

Le dimanche 29, deux feux de joie avaient été allumés vers le soir sur la petite place. L'Hôtel de ville était éclairé par six mille lampions; en avant de la porte, s'élevait une pyramide de lanternes. Une miniature montre dans l'une des salles de cet hôtel la table avec pièces montées autour de laquelle sont assis M. de Boufflers et divers personnages. Et tandis que se donnait ce banquet, il y avait des tonneaux établis au haut de charpentes, d'où coulaient des filets de vin, que le peuple allait recueillir, qui dans la bouche, qui dans son chapeau.

Le lendemain 30 septembre, la principale réjouissance populaire fut la joute, sur la Deule, auprès du Pont-Neuf. Ces réjouissances nautiques sont représentées sur la miniature, où se voient, montés sur des barques, légères, des bateliers qui joutent avec des lances, qui s'efforcent de saisir une oie ou une anguille qu'on monte et descend à l'aide de cordages, ou des enfants qui courent le long de mâts placés horizontalement. Plusieurs tombent dans l'eau, à la grande joie des spectateurs. Mais les vainqueurs obtiennent une tabatière en argent. Le bal masqué que la ville offrit le même jour à la population a aussi fait l'objet d'une intéressante miniature.

Les deux jours suivants, c'étaient les compagnies bourgeoises qui tiraient l'*oiseau, ou, comme on disait alors, le roi de plaisir*, sur l'Esplanade, les arbalétriers d'abord et les archers ensuite. Et ces tirs étaient suivis d'un grand repas chez le duc de Boufflers et d'un nouveau bal masqué où tout le monde était reçu. Enfin, le dernier jour, les tireurs d'armes donnèrent divers assauts dans la cour de l'Hôtel de ville, l'ancien palais Rihour. Toutes ces scènes sont encore représentées en six aquarelles, dont l'une montre les tireurs d'armes recevant des médailles d'argent pour chaque confrère et des médailles d'or pour les vainqueurs, tandis que les autres compagnies bourgeoises furent gratifiées de six cents florins et de trois prix différents. Le Magistrat savait se montrer généreux.

VI

LES ILLUMINATIONS ET LES RÉCEPTIONS AUX HÔTELS OCCUPÉS PAR L'ADMINISTRATION CIVILE ET MILITAIRE.

Les représentants du Roi ne pouvaient manquer de s'associer à la fête. Les édifices qu'ils occupaient, l'Intendance de Flandre, le Gouvernement, la Citadelle, le Fort Saint-Sauveur, l'Hôtel de Melun, où résidait le maréchal de camp des armées du Roi, l'Hôtel du commissaire ordonnateur des guerres, avaient rivalisé entre eux au point de vue de l'éclat et de l'arrangement ingénieux des illuminations; mais ce qui est surtout intéressant dans les onze miniatures qui sont consacrées à cette partie, ce sont les édifices eux-mêmes, qui sont représentés exactement tels qu'ils étaient en 1729. Plusieurs attirent l'attention sous le rapport de la fête; c'est le repas des pauvres donné par M. de Boufflers vis-à-vis du Gouvernement[1], et dans l'intérieur du même hôtel le banquet offert à la noblesse, avec le bal où il y avait, dit une note du manuscrit, « un buffet garni de liqueurs et rafraichissements qui furent distribuez en abondance, pour que dans la suite des temps on en ait mémoire ». Nous ne négligerons pas de signaler une miniature représentant une distribution extraordinaire de pain, de viande et de bière aux bataillons de la garnison. C'est dans la même série qu'est représenté le feu que fit allumer sur la place Saint-Martin le sieur Étienne Boutry, maître charron, qui, durant le siège de 1708, avait rendu tant de services pour la réparation des brèches qu'il avait été gratifié d'une épée d'honneur par le maréchal de Boufflers, père du gouverneur; une gratification fut accordée aux bourgeois du quartier de Saint-Martin par le major de la place.

[1] Voir la planche ci-contre.

BANQUET OFFERT PAR M. LE DUC DE BOUFFLERS AUX PAUVRES DE LA VILLE

VII

LES ILLUMINATIONS DES HÔTELS DE LA NOBLESSE ET DE LA RICHE BOURGEOISIE.

Les remarques que nous avons faites dans le paragraphe précédent s'appliquent aux dix-sept miniatures qui concernent les décorations et les illuminations des hôtels où résidaient des particuliers. Nous y trouvons la façade des habitations de MM. de Flandres, seigneur de Radinghem, rewart de la ville de Lille, Hespel, seigneur de l'Estoquoy, mayeur de la même ville, Vander Maer, prévôt de la police de Lille, Waignon, seigneur de la Marlière, échevin, N. du Château, trésorier, le baron de Woerden, de Baseq, Patou, Faulconnier, et de Mlles de Mailly, marquises de Quesnoy, « véritables mères des pauvres ». La façade décorée avec le plus de goût artistique était celle du Griffon d'or, sur la grand'place. Cette maison, à trois étages et à pignon, était ornée de feuillages, de dix inscriptions et de quatre emblèmes en des cartouches très élégants. Une tribune garnie de tentures bleues et fleurs de lis d'or avait été établie au rez-de-chaussée pour des musiciens qui jouèrent pendant le feu d'artifice.

VIII

LES FÊTES DANS LES HÔPITAUX ET DANS LES ASILES DES ORPHELINS ET DES VIEILLARDS.

Les malades, les orphelins, les vieillards ne furent pas oubliés dans ces fêtes. Les sept dernières miniatures, consacrées aux réjouissances qu'on leur accorda, offrent des détails très intéressants. A l'hôpital Saint-Sauveur, les religieuses Augustines et tout le personnel regardent l'illumination de la chapelle et de la maison dans la cour intérieure, où un enfant, à califourchon sur un petit tonneau traîné par un cheval, s'efforce d'introduire une perche dans un trou pratiqué sous une cuve remplie d'eau qui, au moindre

choc, se déverse sur celui qui y touche. A l'hospice Comtesse, on voit l'illumination de la porte qui existe encore en partie aujourd'hui, et la miniature suivante montre les ministres de la Bourse commune distribuant des aumônes aux pauvres. Les enfants de la Grange, portant le costume bleu qui leur a fait donner le nom de bleuets, témoignent leur joie et leur satisfaction autour d'une table abondamment servie à laquelle ils font honneur. Il en est de même dans la maison des orphelins, dite de Bapaume, dans les hôpitaux où se trouvent des vieillards des deux sexes, et dans la maison des Bonnes Filles où sont recueillies les orphelines.

Ces miniatures sont des scènes de mœurs remplies d'intérêt.

NOTICE SUR L'AUTEUR DU MANUSCRIT.

Le nom de l'auteur du manuscrit se trouve à la fin de l'épître dédicatoire, qui est signée F.-C. Pourchez.

Mais quel était ce F.-C. Pourchez? Son nom ne se rencontre dans aucun ouvrage de bibliographie ou d'histoire. Nous avons fait des recherches à son sujet dans les archives des villes de Lille et de Douai, et dans les actes des notaires de la ville et de la châtellenie de Lille conservés aux archives départementales du Nord, et nous y avons trouvé un grand nombre de documents inédits et inconnus jusqu'aujourd'hui qui nous ont permis de reconstituer la vie de l'auteur de notre manuscrit.

Ses prénoms étaient François-Casimir; son nom de famille a été orthographié de diverses manières : Porché, Porchet, Porchez ou Pourchet et Pourchez. Lui-même il signe Pourchez. Son père Jacques Pourchez, qui était marchand (et peut-être fabricant) d'images, et sa mère Marie Vander Linde, résidaient à Lille. Deux de ses frères, Dominique-François et Adrien-Gilles (nommé parfois Gilles), étaient, le premier relieur, et le second libraire et imprimeur en 1734 [1].

François-Casimir Pourchez épousa, en date du 8 janvier 1708,

[1] Son fils, Paul Gilles, fut à la fois imprimeur et libraire à Lille, comme le prouve un acte du 10 janvier 1736, et mourut le 24 février 1744.

dans l'église paroissiale de Saint-Pierre de Lille, Marie-Anne Jouvenel. *Le contrat de mariage*, passé le 19 décembre 1707, nous apprend que Marie-Anne Jouvenel était orpheline, résidait à Lille, et avait un oncle et des frères habitant Tourcoing. Il nous fait en outre connaître que le père et la mère de François-Casimir lui donnaient comme part du mariage, outre ses vêtements, tous les outils, ustensiles et objets servant à la profession de relieur, et en outre la somme de 50 livres de gros, ce qui valait 500 livres de Flandre. La même somme était apportée par Marie-Anne Jouvenel, avec ses habits, joyaux et objets divers.

De ce mariage naquirent plusieurs enfants : Marie Joseph et Adrien-Dominique, baptisés à Saint-Étienne de Lille, la première en date du 31 janvier 1710 et le second le 11 octobre 1711; quatre à Douai en 1719, 1720, 1722 et 1725, parmi lesquels François-Casimir, baptisé à *Saint-Jacques de Douai*, le 3 février 1720; François-Joseph et Charles-Joseph, baptisés à Saint-Étienne de Lille, l'un le 18 janvier 1727 et l'autre le 13 mai 1730. Un autre de leurs fils, Philippe-Joseph, se maria à Lille, le 4 février 1737.

En 1715, François-Casimir était établi en qualité de libraire et relieur de livres, rue des Jésuites, à Lille. Ses affaires n'étaient pas alors très brillantes. Il devait à son père la somme de 312 florins 6 patars qui lui avaient été prêtés en plusieurs fois; et par acte du 1er octobre 1715, il lui céda une notable partie de son mobilier, qui était assez beau et où il y avait onze tableaux dont plusieurs sur toile, et en outre ses presses et objets servant à relier; mais son père lui en laissait l'usage. Par un autre acte, daté du 10 décembre 1715, on voit que le même François-Casimir devait la somme de 400 florins à Gérard Desbuissons, marchand drapier, à cause de marchandises qui lui avaient été vendues; il céda à ce dernier une partie du linge et de la vaisselle de sa maison, avec quelques objets servant à relier.

Il avait peut-être besoin d'argent pour aller à Douai s'associer avec André-Joseph Milo, aussi libraire et relieur. Leur acte d'association, qui date du 6 avril 1716, prouve que François-Casimir Pourchez apportait, outre divers objets à l'usage des relieurs, des qualités professionnelles supérieures à celles de Milo, bien qu'il dût figurer pendant deux ans en qualité d'apprenti. Il avait droit à 10 pour 100 sur les ouvrages et ventes qui pourraient se faire. Le bail devait durer trois, six, neuf au choix des parties. En 1720, il est indiqué comme exerçant à Douai les professions d'imprimeur-libraire.

Aucun document ne nous apprend si les affaires de Pourchez furent prospères à Douai. Il habitait encore cette ville en 1725, comme nous l'apprend l'acte de naissance de l'un de ses enfants. Mais en 1727 et 1730, il était retourné à Lille, où furent baptisés deux autres de ses enfants. En 1747, dans l'acte de mariage de son fils François-Casimir, contrôleur des étrangers, son nom n'est pas précédé du mot *feu*, ce qui porte à croire qu'il était encore en vie; mais nous trouvons trace de son décès le 14 avril 1750, dans l'acte de mariage de son fils Charles-Joseph Pourchez qui est qualifié peintre [1].

Nous n'avons trouvé qu'une mention relative au manuscrit à miniatures. Elle se trouve dans le Registre aux résolutions du Magistrat. Il est dit qu'à l'assemblée de la loy du 18 mars 1730 « le nommé Porché a présenté à MM. du Magistrat un livre conte- « nant toutes les réjouissances qui ont été faites dans Lille pour la « naissance de Monseigneur le Dauphin avec des plans miniature « (*sic*) et une épître dédicatoire au Magistrat » ; on a ajouté à ces lignes : « Voir si on l'acceptera et quelle gratification on lui don- « nera. » Puis, sur la marge, le mot : *Refusé*.

Le Magistrat avait-il fait, pour les fêtes de 1729, des dépenses qui dépassaient considérablement ses prévisions et ses ressources? Nous ne le savons. Mais il est étonnant qu'il n'ait pas accepté ce livre, afin de le conserver, comme document, dans les archives de la ville. Il lui arrivait d'avoir pour agréable la présentation d'ouvrages traitant de sujets étrangers à la ville de Lille et d'accorder une gratification à leur auteur. Comment a-t-il pu refuser une marque d'intérêt à un Lillois, qui avait consacré un temps très long à décrire minutieusement tout à la fois l'aspect de la ville de Lille et les réjouissances publiques en date du 29 septembre 1729? Ce refus, que nous ne pouvons nous expliquer, dut affecter péniblement François-Casimir Pourchez, qui d'ailleurs semble avoir été peu heureux dans son commerce de librairie et de reliure.

[1] Dans un acte très curieux, du 1er février 1755, sont relatées toutes les conditions d'un acte d'association passé entre ledit Charles-Joseph Pourchez, peintre, et Jean Rollos, aussi peintre, Anglais de nation.

François-Casimir Pourchez conserva peut-être longtemps son manuscrit. La famille Decroix [1], qui le possédait depuis une époque qu'il n'est pas possible de déterminer, le vendit à Paris en mai 1843. Il fut probablement acheté alors par la famille d'Hespel, alliée aux Decroix. Vers 1877, *il a été trouvé* dans un château habité par un des membres de cette famille, qui parfois permettait aux enfants de regarder les miniatures. En 1877, il fut vendu à M. Remy, amateur bien connu; nous avons eu le bonheur, après le décès de ce dernier, d'en faire l'acquisition pour lui donner une place d'honneur dans notre collection.

Nous reconnaissons qu'il n'offre pas, sous le rapport de l'Art, le fini et le bon goût des manuscrits du quatorzième, du quinzième et du commencement du seizième siècle. Mais, outre que ses aquarelles ne sont pas sans mérite, il présente, comme document lillois, comme description d'une fête au dix-huitième siècle, comme reproduction de l'aspect de la ville et de ses principaux monuments, une valeur qu'apprécieront tous ceux qui sont curieux des choses du passé et de l'Art dans les fêtes publiques.

PIÈCES JUSTIFICATIVES.

1704. 2 juin.

Porchez Jacques, marchand d'images, et Marie Vanderlinde sa femme. — Reconnaissance d'une dette de 66 livres envers Maurice Cordonnier. (Ducrossette, J.-B., notaire à Lille, 1704, acte 82.)

Archives départementales du Nord. Tabellion.

1704. 22 juillet.

Porchet Dominique, fils de Jacques et Marie Vanderlinde, demeurant à Lille. — Contrat de mariage avec Marie Michelle Boussemart. (Hugo Jacques, notaire à Lille, 1704, acte 87.)

Archives départementales du Nord. Tabellion.

[1] Decroix (Jacques-Joseph-Marie), poète et bibliophile, né à Lille vers 1740, mort dans la même ville en 1827, appartenait à une ancienne famille noble, avait exercé les fonctions de trésorier de France à Lille de 1770 à 1776. Il était de plus receveur du chapitre de Saint-Pierre. En 1776, il acheta une charge de secrétaire du Roi.

H. Verly, *Essai de biographie lilloise contemporaine.*

1706. 24 mars.

Porché Adrien Gilles, fils de Jacques et de Marie Vandrelinde, marchands à Lille. — Contrat de mariage avec Marie Anne Virnot.
(Ducrossette Jean Baptiste, notaire à Lille, 1706, acte 31.)

Archives départementales du Nord. Tabellion.

1706. 26 juillet.

Pourcé Adrien Gilles et Marie Anne Virnotte, sa femme. — Vente d'une lettre de rente.
(Lellu Michel, notaire à Lille, acte 72.)

Archives départementales du Nord. Tabellion.

1707. 19 décembre.

Par devant le notaire royal de la résidence de Lille et les témoins souscrits, sont comparus *François Cazimir Porché, fils de Jacques* et assisté d'iceluy, ensemble de *Marie Vanderlinde,* sa mère, aussy comparans, ladite Vanderlinde authorisée à l'effet des présentes, demeurans tous en cette ville de Lille, d'une part, et Marie Jeanne Jovenel, fille de deffuncts Jérosme et de Marguerite Delahaye, sa mère, demeurante en cette dite ville, assistée et accompagnée de Nicolas Jovenel, son oncle, Jacques et Joseph Jovenel, ses frères et Charles Pollet, son beau-frère, demeurans sçavoir lesdit Jovenel à Tourcoin et ledit Pollet à Marc, d'autre part, lesquels François Cazimir Porché et Marie Jeanne Jovenel, déclarent volontairement d'avoir fait les traitez et conventions matrimoniaux qui s'ensuivent : c'est à sçavoir que iceux François Cazimir Porché et Marie Jeanne Jovenel promettent de se prendre par noms et loix de mariage iceluy fait et célébré en face de notre mère la Sainte Eglise catholique, apostolique et romaine, le plustost que faire se pourra et qu'il sera avisé entre les futurs époux, parens et amis. Et quand au port de mariage du futur espoux sesdits père et mère promettent de le faire habiller, comme ils voudront en avoir l'honneur, et en outre de luy donner dès aussy tost la consommation dudit mariage, tous les outils, ustancilles et autrement servant à la profession de relieur de livre, de laquelle profession ledit futur mariant exerce valables, compris les habits; qu'ils luy donnerons aussy, la somme de cinquante livres de gros, de quoy la future espouse, assistée que dessus, a déclaré d'estre contente et bien appaisée, et quant au sien, lesdits Jovenels et Pollet, semblablement comparans, promettent solidairement de compter le nombrer la somme de cinquante livres de gros, dès aussy tost la consommation du susdit mariage aux futurs espoux, bien entendu que c'est sans y comprendre les habits, bagues et joyaux que la susdite future espouse apportera audit futur mariage de quoy ledit futur mariant, assisté que dit est, a déclaré d'estre content et bien appaisé, mais arrivant la dissolution dudit futur mariage par le prédécès dudit François Cazimir Porché, soit qu'il y ait enfans vivans, apparans à naître ou non, la future espouse aura et remportera d'avant part tous ses habits, linges, bagues et joyaux, *son droit de vivre coutumier tel qu'il est prescrit* par la coutume de cette mesme ville, ensemble la somme par elle portée avec le tiers avant, le tout franchement librement et sans charge d'aucune debtes, obsèques ny funérailles, sinon les debtes des successions, donnations qui lui seront escheues constans ledit mariage, que luy appartiendrons et qu'elle remportera comme dessus, ou bien elle pourra s'immiscer ès biens et debtes de son dit futur mary auquel cas elle aura *tous les avantages que ladite coutume accorde, comme* aussy son dit droit de vivre comme dessus avec toutes successions qui ly serons dévolues, partagera en tous les biens tant acquest que conquest, soient fiefs ou autrement de la maison mortuaire. Et pour auxquels des deux droits délibérer dont ladite future mariante voudra se tenir, elle aura le terme de quarante jours à compter du jour de la mort de son dit mary, venue à sa connaissance et pourra pendant ledit temps avec sa famille demeurer dans *la maison mortuaire et vivre des biens d'icelle, sans* pour ce estre réputée veuve immiscée non plus au regard des parens que créditeurs. Et le cas contraire arrivant par le prédécès de ladite future mariante sans enfans, le mary survivant en payant aux plus proches héritiers future espouse la somme de trois cens livres parisis, tous les autres biens de la maison mortuaire luy appartiendrons, en payant toutes les debtes dicelle, à l'entretien, exécution et accomplissement des présentes, les comparans promettans, s'obligeant et renonçans et spécialement lesdits père et mère dudit futur mariant solidairement, à tous ordres de division et discution de droit, ainsy que lesdits Jovenels et Pollet, frères, beau frère et oncle de la future mariante et en particulier ladite Vanderlinde à la loy du *Senatus consultus velin (sic)* et à l'*authentique signa mulier* à elle expliquée, qui a déclaré de bien entendre. Ainsy fait et passé audit Lille, le dix neufiesme du mois de décembre mil sept cent sept après midy, présences de Marc Anthoine Luthun et de Jacques Leper bourgeois demeurans en ladite ville, témoins à ce évoquez, approbo les mots raturez et renvoyéz des présentes.

(Signé) François Casimir Porchez, marque et seing dudit Jacques Porché, Marie Jenne Jouvenel, Marie Vanderlinde, Nicola Jouvenel, Jacques Jovenel, Joseph Jouvenel, Charles Pollet, Marcq Antoine Lutun, Jacques Leper et J. B. Ducrossette.

(Ducrossette, notaire à Lille, année 1707, acte 125.)

Archives départementales du Nord. Tabellion.

1708. 8 janvier.

Paroisse Saint Pierre. Mariage du 8 janvier 1708.

Juncti sunt matrimonio Franciscus Casimirus Porchez et Maria Joanna Jouvenel presentibus Jacobo Porchez et Jacobo Delebecq.

Archives municipales de Lille. Registres paroissiaux.

1710. 31 janvier.

Paroisse Saint Etienne, naissance du 31 janvier 1710.

Die 31 jannuari 1710 Maria Joseph filia Francisii Casimiri Porchez et Mari Joannæ Jouvenel conjugum ad gratiam baptismi pervenit suscipientibus Ludovico Colery et Marguerite Joanna Jovenel.

Archives municipales de Lille. Registres paroissiaux.

1711. 11 octobre.

Saint Etienne, naissance du 11 octobre 1711.

Die 11 octobris 1711. Adrianus Dominicus filius Francisii Casimiri Porchez et Mariæ Joannæ Jouvenel conjugum ad baptismi gratiam pervenit sucipientibus Adriano Acgedio Porchez et Maria Barbara Jouvenel.

Archives municipales de Lille. Registres paroissiaux.

1715. 1er octobre.

Est comparu *François Casimire Porchez,* relieur de livre demeurant en cette ville, lequel a déclaré que pour faire paiment à *Jacques Porchez son père,* de la somme de trois cens douze florins six pattars à cause d'argent qu'il lui a presté à son contentement et a plusieurs fois jusques à ce jour il luy a vendu, cédé et transporté les meubles et effets estans dans sa maison rue de Jésuites, lesquels meubles et effets suivans les parties les ont appréciez comme s'ensuit : sçavoir dans la Salette une table de bois de chesne à deux feuillets et un tiroire pour la somme de quinze florins, une garde robe en bois blanc peint couleur d'olive pour dix-huit florins, un bois de lit de bois de chesne pour huit florins, un lict de plume un travers et deux oreillers aussi emplies de plume pour cinquante florins, deux couvertes de laine blanche pour quinze florins, une petite garde robe de bois de chesne pour huict florins, un tableau sur toile représentant la charité romaine pour trente pattars, un autre tableau sur toille représentant une chasse, pour trente pattars, un tableau sur la cheminée représentant la fuite de la Sainte Famille en Egypte pour quarante pattars, huit autres petits tableaux dont cinq sont en papiers pour cinquante pattars, un pied de Christ, garny de cuivre pour quinze pattars. Dans la cuisine un fauteuil couvert d'étoffe de Tournay pour quatre florins, trois tableaux à quadre doré pour cinquante pattars, une petite table de bois de chesne pour trois florins, une armoire de bois blanc pour deux florins huit pattars, une niche de Vierge pour vingt pattars, une tourtière de cuivre jaune pour quattre florins, une demie douzaine de cheises et quattre petites à fond de paille pour quinze pattars, un réchaux et une casserol de cuivre avec une marmitte du même métail pour sept florins, un soufflet, une boite aux chandelles, et quattre chandelier de fil d'archas avec un gril trente pattars, cinq pots de galères, un écuel d'estain, six cuillières et un assiette d'estain avec un petit miroir pour trois florins, un damier pour douze pattars. Dans la cour une meulle avec son pied pour quattre florins, une met, une échelle, un frasoir, un rondeau et un sceau cerclé de fer pour trois florins dix pattars, une pierre au chocolat pour douze florins, y compris les deux étaux, un chenet, pincette et porte feu de ferre pour trente pattars. Dans la boutique une grande presse avec les ustensiles et planches pour quarante florins, cinq petites presses pour cinq florins, cinq cousoirs pour trois florins dix pattars, deux presses à rongnier avec leur fust et portes presses pour douze florins, deux autres presses à endosser aussi avec leurs portes presses pour douze florins, deux pierres à battre avec deux marteaux pour dix florins, deux couteaux à parer, deux à rabaisser, deux règles une en cuivre et une de fer, deux grands siseaux, deux marteaux, quattre compas, six fers à racler, deux pinces et autres instruments de fer avec deux scies estimez pour six florins, plusieurs planches dans ladite boutique pour quatre florins dix pattars, cent cinquante haies à endosser tant grandes que petites pour huit florins, quattre scabeaux pour un florin douze pattars, un tonneau à la farine pour quarante pattars. Dans le grenier un demy cent de bois d'orme ou environ pour dix florins dix pattars, deux sacs de charbon de faux pour trois florins. Dans la cave deux jeantiers pour deux florins, huict pattars, en grand et un petit salloir pour deux florins, plusieurs morceaux de cuivre pour deux florins. Dans la chambre sur la saljette un bois de lict de bois blanc avec une paillasse, deux oreillers, et une couverte verde pour six florins et enfin deux paires de draps pour quattre florins, pour par ledit Jacques Porchez jouir desdits meubles et effets dez cejourd'huy en avant comme de sa chose propre et vray bien, ce que ledit Jacques Porchez aussy icy comparant a accepté desquels meubles et effets cy-dessus repris la traduction réele et effective en a été faite, présent ledit notaire et les tesmoins cy après nommez, le tout à l'appaisement des parties. Lesquels effets et meubles ledit Jacques Porchez a confié et confie audit François Casimire son fils pour par luy en jouir à titre de précaire seulement et aussy longtemps qu'il plaira à son dit père, lequel les pourra reprendre quand bon luy semblera sans aucune formalité de justice, aiant ledit François Casimire affirmé es mains du nottaire soussigné présent lesdits témoins qu'il ne se défera directement ny indirectement desdits meubles et effects au préjudice de la présente vente et cession, laquelle il a promis tenir, entretenir, conduire et garantir sous l'obligation de ses biens, renonçant à toutes choses contraires. Ainsy fait et passé à Lille, le premier d'octobre mil sept cent quinze, douze heure et demy à midy, par devant maître Jean Caullet, nottaire royal à la résidence dudit Lille, présent Maître Laurent, procureur et de Charles Antoine Labbe fils de feu Charles, praticien audit Lille, témoin à ce requis et appelez.

(Signé) François Casimir Porchez, marque dudit Jaques Porchez, L. Laurent, procureur, C. A. Labbe et J. Caullet.

(Jean Caullet, notaire à Lille, 1715, acte 172.)

Archives départementales du Nord. Tabellion.

1715. 10 décembre.

Comparans *François Casimir Porchez,* fils de *Jacques,* relieur de livres en cette ville de Lille, déclara de devoir bien et léallement à Gérard Desbuissons, marchand drapier en cette dite ville, la somme de Quattre cent florins à cause de marchandises à luy vendues et livrées à son contentement pour de laquelle somme faire payement audit Desbuissons ledit Porchez luy a vendu, cédé et transporté les meubles et effets cy après déclarez et pour les sommes y énoncées que ledit Desbuissons at acceptées sçavoir vingt quattre chemises d'homme pour trente six florins, quinze chemises de femme pour la somme de quinze florins, cinquante chemises d'enfant pour la somme de quinze florins, dix cravattes de mousseline pour la somme de quinze florins, six paires de manchettes d'homme pour la somme de trente six pattars, seize coiffes de femme négligées pour la somme de vingt quattre florins, seize gorgerettes pourla somme de quattre florins seize pattars, six mouchoirs de femme et douze d'enfant pour la somme de douze florins douze pattars, six tabliers de toile peinte pour la somme de neuf florins, un habit, veste et culotte en drap blanc avec des boutons de filles d'argent et un surtout de drap couleur de canelle et un manteau de drap bleud pour la somme de septante florins, cinq alfabethe de cuivre pour la somme de vingt florins, vingt cinq bouquets tant grands que petits, trois pallettes, quatre roulettes, quattre autres pallettes larges, cinq paires de coing, le tout servans à dorer des livres pour la somme de soixante florins, deux rideaux de charge verde et un fronteau de même pour la somme de vingt florins, vingt quattre assiettes d'estain pour la somme de dix huit florins, dix plats d'estain tant grands que petits pour la somme de quinze florins, deux treilles d'estain et deux écuelles, deux pots et un pot de chambre d'estain pour la somme de dix florins, une éteinte, un poelle, bassinoire et une tourtière, le tout en cuivre pour la somme de huit florins, quattre rondelles de forte bière et deux de petite pour la somme de trente quattre florins, deux fouieres de cuivre pour quatre florins, un miroir pour la somme de cinq florins, plusieurs pièces de viande sallée pour cinq florins seize pattars pour ledit Desbuissons en jouir depuis cejourd'hui en avant comme de son propre bien, luy en eyant ledit Porchez pour ce sujet fait la livraison réelle et effective qu'il a accepté présans les notaires et témoins soussignés a l'entretient et garantie de ce que dessus, les parties respectives ont obligez leurs biens. Ce fut ainsy fait et passé à Lille le dix de décembre mil sept cent quinze par devant moy Pierre François Dubar, notaire royal y résident soussigné et présences de Jean Legrand fils de feu Martin, commis des traites et de Charles Antoine Labbe, fils de feu Charles praticien demeurans en la même ville de Lille, tesmoins à ce requis et appellez.

(Signé) François, Casimire Porchez, G. Desbuissons, J. Legrand, C. A. Labbé et P. Dubar.

(Pierre François Dubar, notaire à Lille, 1715, acte 118.)

Archives départementales du Nord. Tabellion.

1716. 6 avril.

Comparant *François Cazimir Porchet,* marchand libraire et relieur de livres en cette ville de Lille, d'une parte et André Joseph Milo, aussy marchand libraire et relieur de livres, demeurant en la ville de Douay, de présent en cette ville de Lille, lesquels comparant reconnurent et déclarèrent d'estre convenus et associez par ensemble en la forme et manière suivant :

Sçavoir qu'il s'apliront respectivement par ensemble en la ville de Douay au stil de relieur de livres et de librairie en gain ou perte comune l'espace de six ou neuf ans continuels et en suivans l'un l'autre à commencer au quinze de may prochain mil sept cens seize au choix des deux parties d'en résilier et faire fin de ladite société au bout des six premiers ans pourvu demy an de sommation au préalable et pendant lesdits six ou neuf ans ils travailleront comme dit et respectivement et de bonne foy au proffit comun et ils vivront aussy en boire et en mangé et en chauffage avec leurs femmes, enfans et domestiques à frais comun pendant lesdits six ou neuf ans, et sy pendant lesdits six ou neuf ans l'un ou l'autre desdits comparans venoit à mourir, en ce cas ladite société prendra fin, bien entendu que les frais de maladies de l'un ou l'autre desdits comparans ou de leurs femmes et enfans seront à la charge de chacun d'eux comparans sans aucune communion par ensemble à cet égard.

Bien entendu aussy que surtout le gain qu'il pouront faire en ladite société ledit premier comparant tirera et prendra de mois en mois un dixième quy fait un sol pour livre avant tout : et les neufs parts de dix dudit gain se partageront aussy de mois en mois, moitié par moitié, et sur lesquels neuf parts de dix par conséquent du susdit gain seront pris les frais de leurs nouritures et chauffage et de leur femme, enfans et servante respectifs, achats de matières nécessaire à leur stils susdits, louage de maison, XXes ou autres impositions, capitations et autres choses regardant leur société et ménages. Et comme lesdits comparans vont mettre en la maison ou ils vont demeurer à Douay plusieurs utensils pour servir ausdits stils pour qu'il n'arrive aucune confusion ils en dresseront chacun leur mémoire de gré à gré qu'ils signeront respectivement et s'ilz venoient à se casser en travaillant ils seront refectionné aux frais de celuy à quy lesdits utensils appartiendront. Et pour les autres outils tranchant ou autres qu'on pourra acheter dans la suitte pendant ladite société ce sera à frais comun, parce que ces outils nouveaux appartiendront aussy en comun et seront ainsy partagé à la fin de ladite société aussy bien que le proffit qu'il pourra rester lors de leurs dits travaux, aiant encore esté convenu entre les parties que sitôt ledit quinze may prochain ledit second comparant fera enregistrer audit Douay ledit premier comparant comme apprentis de relieur de livres sous luy second comparant et sy après que ledit premier comparant aura fait son apprentissage il passoit chef d'œuvre en ce cas ledit premier comparant aura la liberté de se retirer ou bon luy semblera et mettre fin à ladite société, mais en ce cas iceluy premier comparant sera tenu payer audit second comparant la somme de cent florins de ses propres deniers par forme de desdomagement de ce que ledit second comparant sera privé du secours dudit premier comparant, lequel en ce cas sera deschargé du bail et loyer de la maison comune à conter du jour de la séparation en avant par ce que le second comparant en sera chargé et quant aux frais d'enregistrature et droit de maitrisse ils seront à la charge dudit premier comparant. Et sy ledit second comparant venoit à quitter le premier comparant après les deux ans d'aprentissage dudit Porchez comme faire pourra en ce cas ledit second comparant sera tenu payer de ses propres deniers audit premier comparant, pareille somme de cent florins aussy par forme de desdommagement de ce que ledit second comparant aura quitté ledit premier comparant, lequel second comparant sera en ce cas chargé du bail de la maison comune à conter aussy du jour de la séparation en avant et le premier comparant en sera deschargé, à l'entretient et accomplissement de tous ce que dessus lesdits comparans ont respectivement obligez leurs biens vers tous seigneurs et justices renoncheans à touttes choses contraire. Ainsy fait et passé audit Lille le sixième d'avril mil sept cent seize par devant Maître Jean Caullet, notaire royal y résident subsigné présent Pierre George Mortelecque, praticien audit Lille et Jacques Duwez, maître chapelier audit Lille tesmoins à ce requis et appelez, approuvant les renvois et interlignes du présent contrat.

(Signé) François Casimir Porchez, André Joseph Millo, Jacques Duwez, P. Mortelecque et J. Caullet, 1716.

Le vingt neuf dudit mois d'avril mil sept cens seize, estans recomparus lesdits François Casimir Porchez et André Joseph Milo, lesquels aians considéré l'acte de convention cy dessus sont convenus qu'au lieu de par ledit Porchez se contenter dix pour cent du gain mentionné en ladite convention il aura de mois en mois dix pour cent sur les ouvrages et les ventes qu'ils pouront faire pendant leur société tant pour les particuliers que pour les marchands soit de Douay ou d'autres endroits quelconques et en cette considération ledit Porchez se nourira et chaussera avec sa femme, enfans et servante à ses frais sans rien faire payer par ledit Milo, sauf que celuy cy payera seullement deux livres de gros par an à tant moins du loyer de ladite servante, le surplus dudit loyer demeurera à la charge dudit Porchez et réciproquement ledit Milo se nourira et se chauffera avec sa femme et enfans à ses frais et laquelle société au lieu de six ou neuf ans qu'estoit stipulé dans la susdite convention, sera pour trois, six ou neuf ans au choix des deux parties d'en résilier au bout des trois ou six ans pourvu demy an de sommation au préalable.

Aiant encore été conditionné que sy l'un ou l'autre desdits Porchez ou Milo perderoit quelque journée en allant à ses propres affaires, au lieu de travailler pour la société en ce cas il sera tenu payer de ses propres deniers à son associé la somme de douze patars pour chacque journée quy manquera de travailler pour ladite société.

Comme aussy s'il arrivoit que quelques outils appartenant audit Porchez venoient à se casser en travaillant pour la société ils seront refectionnés aux frais de ladite société, et afin que lesdits outils ne soient point égarrez ou perdus, ledit Porchez les pourra enfermer comme bon luy semblera et sy ledit Milo vouloit se mettre à parer quelque couverture de livre ou roigner quelques livres en cas qu'il n'y réussisse point au goust des marchands, il sera tenu à les garder pour son compte et de payer les matières qui y seront entrez à ses frais, mais ledit Milo sera tenu de payer audit Porchez la moitié du sallaire qu'il méritera pour lesdits ouvrages non bien conditionnez et les outils appartenant audit Milo seront réciproquement réfectionnez à frays commun.

Quant aux ouvriers qu'ils prendront pour s'assister au sujet de ladite société, ils seront payez moitié par ledit Porchez et moitié par ledit Milo après que ledit Porchez aura tiré les dix pour cent cy dessus mentionnés. Et au surplus ladite convention du six avril sortira effet parmi les changemens mentionnés au présent acte, lequel présent acte lesdits comparans ont promis respectivement entretenir aussy de bonne foy, sous l'obligation de leurs biens, renoncheant à touttes choses contraires. Ainsy fait et passé audit Lille ledit jour vingt-neuf avril mil sept cens seize pardevant ledit Caullet nottaire, présent ledit Mortelecque et Pierre Joseph de Labbre, demeurans audit Lille, témoins à ce requis. Après qu'at encore esté convenu que s'il arrivoit (que Dieu ne veuille) que l'un ou l'autre desdits Porchez ou Milo viendroit à estre malade pendant la durée de ladite société, en ce cas celui non malade pourra travailler à son seul proffit pendant ladite maladie en achetant les matières de ses deniers, et pourra se servir en bon père de famille des outils dudit malade.

(Signé) François Casimir Porchez, André Joseph Milo, Pierre Joseph de Labre, P. G. Mortelecque, J. Caullet, 1716.

(Jean Caullet, notaire à Lille, 1716, acte 59.)

Archives départementales du Nord, Tabellion.

1720. 3 février.

L'an de grâce 1720 le 3 février est né un garçon de légitime mariage entre François Casimir Porchez et Marie Jeanne Jouvenet, lequel a été baptisé le 4 par moi soussigné; a été parrain Jean Baptiste Malpaix et Françoise Lembaucheur, marraine, lesquels ont signé et nommé l'enfant François Casimire.

Signé : François Casimir Pourchez.
Signé : Jean Baptiste Malpaix.
Signé : François Embocheur.
Signé : A. Collart, prêtre de l'Oratoire.

Archives municipales de Douai. Extrait du registre aux actes de baptême de la paroisse Saint-Jacques pour l'année 1720, Cote GG, 109.

1727, 18 janvier.

Saint Etienne, naissance du 18 janvier 1827.

Die 18e Jannuarii 1727 Franciscus Josephus filius Francisi Casimiri Porchez et Mariæ Joannæ Jovenelle conjugum ad gratiam baptismi pervenit suscipientibus Francisco Joseph Delitier et Maria Agneta Coquelle.

Archives municipales de Lille. Registres paroissiaux.

1730. 18 mars.

Continuation de l'Assemblée de loy du 18 *mars* 1730.

Représenter que le nommé Porché a présenté à Mrs du Magistrat un livre contenant toutes les réjouissances qui ont été faites dans Lille pour la naissance de Monseig^r le Dauphin avec des plans mignature, et un Epitre dédicatoire au Magistrat.

Voir si on l'acceptera et quelle gratification on lui donnera [1].

Archives municipales de Lille.

1730, 13 mai.

Saint Etienne, naissance du 13 mai 1730.

Die 13 mai 1730. Carolus Joseph filius Francisci Casimiri Pourchez et Mariæ Joannæ Jouvenelle ad gratiam baptismi pervenit suscipientibus Hieronymo Pollet et Maria Anna Virnotte.

Archives municipales de Lille. Registres paroissiaux.

1732. 17 juillet.

Pourchez Gilles, libraire à Lille, et Marie Anne Virnotte, sa femme.

Bail d'une maison située rue des Sahuteaux.

(Regnier Jean François, notaire à Lille, 1732, acte 62.)

Archives départementales du Nord. Tabellion.

1734. 13 mai.

Porchez Gilles, libraire et imprimeur à Lille, et Marie Anne Virnotte, sa femme.

Bail d'une maison rue des Sahuteaux.

(Delobel Louis Charles, notaire à Lille, acte 35.)

Archives départementales du Nord. Tabellion.

1736. 10 janvier.

Porchez Paul Gilles, imprimeur et libraire à Lille, fils d'Adrien Gilles, et Marie Anne Virnotte sa mère et Porchez Antoinette Brigitte sa sœur.

Contrat de mariage avec Marie Marguerite Joseph Deroubaix.

(Lefrancq, Pierre François, notaire à Lille, 1736, acte 3.)

Archives départementales du Nord. Tabellion.

1737. 4 février.

Porchet, Philippe Joseph, fils de François Casimir et Marie Jeanne Jouvenelle.

Contrat de mariage avec Marie Anne Lagache.

(Fontaine Pierre Ignace, notaire à Lille, 1737, acte 19.)

Archives départementales du Nord. Tabellion.

1744. 24 février.

Saint Etienne, décès du 24 février 1744.

Le 24 février 1744 Paul Gilles Pourchez, M^d libraire imprimeur époux

[1] Le registre porte en marge le mot : *Refusé*.

de Marie Marguerite Joseph Deroubaix, décédé le 22 dud. mois, fut inhumé devant la chapelle de l'Ange Gardien en présence de Me Jean Baptiste Pourchez prestre et François Casimir Pourchez.

Archives municipales de Lille. Registres paroissiaux.

1747. 14 février.

Saint Sauveur, Mariage du 14 février 1747.

Le 14 de février 1747 après dispense obtenue sur le deuxième degré de consanguinité et trois bans de mariage publiés sans aucun autre empêchement entre François Casimir Pouchez de la paroisse de Saint André en cette ville natif de celle de Saint Jacques à Douay, controleur des étrangers fils de François Casimir et de Marie Jeanne Jouvenel d'une part, et Marie Françoise Pollet, agée de 30 ans, fabriqueuse de chocola de cette paroisse, native de Marcq en Barœul, veuve de Jean Baptiste Desmarescaux fille de feu Jéromme et de vivante Marie Jacqueline Jouvenel d'autre part; ayans les consentemens des parens, Je soussigné ptre pasteur de cette paroisse ay célébré leur mariage en présence d'Adrien Dominique Pourchez, Philippe Joseph Pourchez, tous deux frères au contractant, Mathieu Fremaux, Antoine Joseph Leclercq.

Archives municipales de Lille. Registres paroissiaux.

1750. 14 avril.

Sainte Catherine, mariage du 14 avril 1750.

Le 14 avril 1750 après trois bans publiés sans aucun empêchement entre Charles Joseph Pourchez agé de dix neuf ans onze mois, peintre fils de Feu François Casimir et d'encore vivante Marie Jeanne Jouvenel, né à Saint Etienne et domicilié en cette paroisse d'une part; et Marie Thérèse Bernard agée de vingt quatre ans dentelière fille de feu Mathieu et d'encore vivante Marie Claire Triot née et domiciliée en cette paroisse d'autre part ajans les consentemans requis de droit, je sousigné pasteur de cette paroisse ay célébré leur mariage en présence de François Casimir Pourchez frère de l'époux, de Guillaume Maillard oncle allié maternel de l'épouse, d'Etienne Borne, Me peintre, paroisse Saint Pierre, et de Jean Baptiste L'Ecu peintre en cette paroisse lesquels avec l'époux ont signés. Lespouse a déclarée ne savoir écrire.

Archives municipales de Lille. Registres paroissiaux.

1754. 21 janvier.

Le 21 janvier François Casimir Pourchez, marié le 14 févier 1747, épouse en secondes noces à Saint Sauveur Jeanne Claire Joseph Hollebez, l'acte le dit agé de 34 ans.

Archives municipales de Lille. Registres paroissiaux.

1755. 1er février.

Par devant le notaire royal de la résidence de Lille soussigné, présens *Charles Joseph Pourchez, peintre* en cette ville d'une part, Jean Rollos, aussi peintre, anglois de nation, d'autre part, lesquels comparans sont convenus de ce qui suit :

Sçavoir que le second comparant travaillera de la profession de peintre sous la conduite du premier comparant en sa boutique le terme de deux ans consécutifs qui commenceront le premier d'avril prochain parmy les conditions cy après.

1° Que ledit premier comparant luy payera pour la première année six livres de France pendant les six mois d'été, et quatre livres dix sols aussi de France pendant les six mois d'hiver, à chacune semaine.

2° Que chaque semaine sera comptée complète quoy qu'il se trouvat quelques fêtes.

3° Que durant toute la seconde année tant en hiver qu'en été, ledit premier comparant luy payera par chacune semaine feste ou non, comme dit est, six pareilles livres de France.

4° Que dans le cas que ledit second comparant s'absente du travail soit pour cause de maladie, divertissement, ou autrement, qu'il lui sera diminué vingt sols de France par jour, demy esquart à proposition.

5° Que les heures du travail seront pendant l'été depuis cinq heures le matin jusqu'a sept heures du soir et pendant l'hiver depuis l'aube du jour jusqu'à huit heures du soir.

6° Qué ledit premier comparant apprendra audit second, à peindre la figure et à désigner autant bien qu'il peut le connoître luy même et que les sens et capacité dudit second comparant le permettront pour raison de quoy ce dernier payera au premier trente six livres aussi de France.

7° Que dans le cas que le premier comparant remerciat le second comparant et celuy cy le premier comparant sans causes et excuses légitimes, les parties payeront l'une à l'autre respectivement, par forme de dommagement quarante huit livres aussi de France une fois pour seureté de laquelle somme ledit second comparant sera tenu donner caution audit premier comparant quant il le requèrera.

8° Et que dans le cas aussi que le premier comparant viendroit à être malade et que le second ne pût pendant ce temps travailler sans son assistance pour lors ledit premier comparant ne sera tenu luy payer aucuns sallaires, mais aussi ledit second comparant aura droit de travailler ailleurs jusqu'à la guérison dudit premier comparant.

Pour tous lesquels points et articles le présent traitté a été conclu à Lille, le premier febvrier mil sept cens cinquante cincq, présens Dominique François Joseph Libert et François Joseph Becquart tous deux praticiens audit Lille témoins à ce requis, approuvant le mot huit surchargé en la dernière ligne de la seconde face.

(Signé) C. J. Pourchez, John Rollos, D. Libert, F. J. Becquart et M. F. J. Becquart.

(M. F. J. Becquart, notaire à Lille, art. 55.)

Archives départementales du Nord. Tabellion.

PARIS

TYPOGRAPHIE DE E. PLON, NOURRIT ET Cie,

Rue Garancière, 8.

www.ingramcontent.com/pod-product-compliance
Ingram Content Group UK Ltd.
Pitfield, Milton Keynes, MK11 3LW, UK
UKHW021041220726
13924UKWH00001B/465

9 782019 926366